Antonio Mira de Amescua

Lo que no es casarse a gusto

Barcelona **2024**
Linkgua-ediciones.com

Créditos

Título original: Lo que no es casarse a gusto.

© 2024, Red ediciones S.L.

e-mail: info@linkgua.com

Diseño de cubierta: Michel Mallard.

ISBN tapa dura: 978-84-1126-102-9.
ISBN rústica: 978-84-9816-105-2.
ISBN ebook: 978-84-9897-582-6.

Cualquier forma de reproducción, distribución, comunicación pública o transformación de esta obra solo puede ser realizada con la autorización de sus titulares, salvo excepción prevista por la ley. Diríjase a CEDRO (Centro Español de Derechos Reprográficos, www.cedro.org) si necesita fotocopiar, escanear o hacer copias digitales de algún fragmento de esta obra.

Sumario

Créditos _____ 4

Brevísima presentación _____ 7
   La vida _____ 7

Personajes _____ 8

Jornada primera _____ 9

Jornada segunda _____ 37

Jornada tercera _____ 71

Libros a la carta _____ 99

Brevísima presentación

La vida

Antonio Mira de Amescua (Guadix, Granada, c. 1574-1644). España. De familia noble, estudió teología en Guadix y Granada, mezclando su sacerdocio con su dedicación a la literatura. Estuvo en Nápoles al servicio del conde de Lemos y luego vivió en Madrid, donde participó en justas poéticas y fiestas cortesanas.

Personajes

Enrique
El Rey, don Froilo
El príncipe de Bimarano
Ramiro, viejo
Nuño
Gonzalo
Elvira
Doña Mayor, hermana de Álvar Ramírez
Constanza

Jornada primera

(Salen músicos cantando, Enrique, Elvira y acompañamiento.)

Música
«Mil años se gocen
los recién casados,
Enrique y Elvira.
Gócense mil años.
  Tengan mucha harina
y muchos ganados.
Mil años se gocen
los recién casados.»

Enrique
  Goce grandezas profanas
en alcázares dorados.
Aumente el alma cuidados
siguiendo esperanzas vanas.
Logre pompas soberanas
debidas a su valor
quien sin temer el rigor
de la más sangrienta fiera,
de la envidia el golpe espera
en la cumbre del favor.
  Que yo contento y seguro
sin los daños que publico,
con más ciertas glorias rico
descanso al alma procuro
siendo incontrastable muro
de mi suerte venturosa
la que con extremo hermosa
acredita mi esperanza
lejos de tener mudanza:
yo tu esclavo y tú mi esposa.

Elvira
La felicidad, la suerte
y dicha del merecer
ser vuestro, vengo a deber
—es cierto— a la misma muerte;
pues su rigor, si se advierte
es quien me la pudo dar.
Por la puerta del pesar
entro al placer y contento.
La muerte fue el instrumento
del bien que llego a gozar.
   Si Álvar Ramírez mi esposo
había de ser, y el rigor
de vuestra mano, señor,
le dio la muerte, es forzoso
que del estado dichoso
que gozo, a la muerte dé
las gracias, pues ella fue
primer causa. El repetir
las penas solo es sentir
las glorias que ya gocé.

Enrique
   No divirtáis la memoria
con la gloria que pasó;
que soy vuestro esposo yo,
y sois vos toda mi gloria.
Y alguna pasada historia
referir también pudiera
si ofenderos no temiera;
que en agravio semejante
tuviera poco de amante,
mucho de necio tuviera.

Elvira
   Si Álvar murió, vos vivís
dueño ya de mis cuidados.

	Desvelos son excusados.
Enrique	Muy bien, señora, decís;
	mas si de amor advertís
	que aun los instantes condena
	el tiempo que se enajena
	de lo que ama la memoria,
	donde está cierta la gloria
	no ha de nombrarse la pena.

(Suena dentro rumor de gente y sale el príncipe de Bimarano, solo.)

Bimarano	Quedaos todos allá fuera.
	Guárdeos Dios. Escucha, Enrique.
Enrique	¿Señor, vuestra alteza?
Bimarano	Advierte
	que aunque los ecos publiquen
	el bien y gloria que logras,
	solo yo, aunque lo previne,
	imitarlos no he podido;
	pues en tus bodas felices,
	antes que la norabuena
	te vengo a dar nuevas tristes.
Enrique	¿Qué decís, señor?
Bimarano	Que el Rey,
	mi hermano, en quien solo es firme
	no la clemencia, el rigor,
	pues siempre en su pecho vive,
	te manda prender. Hoy tuve
	secreto aviso, y no quise

fiar menos que de mí
esta diligencia. Firme
es mi amistad, y tus daños,
antes que ellos se anticipen,
previniéndolos te avisa.
No sé qué ofensas le obliguen
a mi hermano a esta prisión;
mas nueva fortuna sigue.
Huye, Enrique, de su enojo
hasta que el tiempo te avise
de medio más importante;
que en mí no hay fuerzas posibles
para que amparo te ofrezca,
pues su condición terrible
sabes que aun de mí se ofende
con ser yo su hermano.

Enrique   Humilde
a vuestros pies, gran señor,
como es razón, quien recibe
tan gran merced, la agradece,
aunque le sea sensible.
La causa de mi prisión,
pues vuestra alteza me dice
que la ignora, el conocerla
es en mí menos posible;
porque como no la he dado
yo, ni al Rey mi señor hice
ofensa, que en algún tiempo
me apartase de servirle,
más que vos puedo dudar
si bien mi suerte infelice
de mayor daño me avisa
porque si de Álvar Ramírez

                la muerte me ha perdonado,
                y para que se confirme
                mi dicha en todo me ha hecho
                esposo de Elvira, timbre
                y blasón de mis servicios,
                a tan grandes honras siguen
                males opuestos, y es bien
                que tema acechanzas viles,
                que hablando al Rey contra mí
                mi gran fortuna derriben.

Bimarano   Nuño viene allí. No aguardes;
                pues no podrás resistirle;
                que él trae la orden de prenderte.
                Este campo paso libre
                te ofrece. Vete. ¿Qué esperas?

Elvira   Estos principios, ¿qué fines
                pueden prometer? ¿Para esto
                el Rey me casó?

Enrique   No eclipsen
                tus luces nubes de llanto,
                porque sus efectos tristes,
                señora, podrán matarme
                sin poder yo resistirles.
                Príncipe, cuando la culpa
                dentro del pecho no escribe
                delitos que le acobardan,
                ¿qué temores no resiste?
                Culpable yerro sería
                ausentarme o encubrirme.
                Vuelva la lealtad por mí
                y ella mi defensa firme.

(Salen Nuño y soldados.)

Nuño Discúlpeme el ser mandado,
Enrique, vuestra prisión.

Enrique Nuño, la satisfacción
es la que aquí os ha culpado;
que si orden del Rey traéis
y en prenderme le servís,
en la disculpa advertís
que alguna culpa tenéis;
pues habiendo vos venido
cuando a prenderme llegáis
por lo menos me mostráis
que con gusto vuestro ha sido.

Nuño Señor, ¿vos aquí?

(Aparte a él.)

Bimarano Si Amor
me ha traído, ¿qué te admira
sabiendo que adoro a Elvira?

Nuño Dadme licencia, señor.
Yo, Enrique...

Enrique Nuño, razones
de nada sirven aquí.
Ir preso me toca a mí
y a vos ponerme prisiones.

Nuño Vamos, pues.

Enrique   Si mi lealtad
            vuestra alteza ha conocido,
            solo que informe al Rey pido
            y que ampare la verdad.

(Llevan a Enrique preso.)

Elvira   ¡Esta ofensa está sufriendo!
            ¡Este agravio en su presencia!

Bimarano   Cualquier defensa y violencia,
            Elvira, cuando estoy viendo
               la seguridad de Enrique,
            los daños puede aumentar.
            Bien le pudiera librar;
            pero no es bien que yo aplique
               remedio que ha de culparle
            en tal ocasión. Es llano,
            aunque fuera por mi mano,
            que era delito librarle.

Elvira   Vuestra alteza...

Bimarano   Yo he venido...

Elvira   ... a holgarse de mi pesar.

Bimarano   ... a servirte y a excusar.

Elvira   Solo penas le he debido.

Bimarano   Solo te debo la muerte,
            pues habiéndote casado,

	tu ingratitud me la ha dado.
Elvira	Dejadme llorar mi suerte.

(Vanse Elvira y Bimarano. Salen el Rey, Ramiro y criados.)

Rey	Ya es culpable, Ramiro, la tardanza; que como tú en mi justa confianza a tener vienes el lugar primero, de tu tardanza mal suceso infiero.
Ramiro	El peso, gran señor, de los cuidados, que a mis años cansados sepa ya vuestra alteza, alguna vez me rinde a su grandeza los embarazos del penoso día. Los negocios que están a cuenta mía tantos vienen a ser que al día sobrando gran parte de la noche están gastando. Cánsome que soy viejo, y con las fuerzas fáltame el consejo.
Rey	Sentaos, y descansad; que a tal fatiga el bien común obliga.

(Siéntase el Rey y Ramiro a su lado.)

	Por un reino lo hacéis.
Ramiro	Por vos lo hago, por vos solo; aunque a un reino satisfago.
Rey	¿Por mí solo?
Ramiro	Por vos.

Rey	Lisonja ha sido;
	que otra vez no os he oído.
Ramiro	El Rey es bien común; es bien de todos
	a quien le toca por diversos modos
	repartir la justicia,
	castigar la malicia,
	evitar de los males los aumentos
	y mirar de su estado los fomentos.
	Es, en fin, quien da ser, honra y vida
	a cuanto su persona se ve unida;
	pues es de la divina omnipotencia
	de Dios, el Rey, segunda providencia.
	Y así, si el verlo todo, el gobernarlo
	os toca a vos y a mí el ejecutarlo.
	Digo bien, que el cuidado que he tenido,
	aunque del reino el interés ha sido,
	solo es por vos, pues cumple mi desvelo
	la obligación y cargo que os da el cielo.
Rey	Cuando pensé que la lisonja hallaba
	en vos el hospedaje que admiraba,
	la obligación de Rey me habéis mostrado
	y aun casi mi descuido habéis culpado.
Ramiro	Si yo viera, señor, que os daban gusto
	lisonjas y en lo justo
	no pensaba, que estabais advertido,
	oyendo las verdades distraído,
	creed que no os sirviera,
	ni lo pudiera hacer aunque quisiera,
	que si el lisonjear mentir ha sido,
	y en la verdad un Rey queda servido,

| | cuando os lisonjeara, |
| | claro es que no os sirviera, os engañara. |

Rey   Supuesto, pues, que a la verdad atento,
        solo fundo mi intento
        en saberla de vos, y os he fiado
        mi obligación, mi cargo y mi cuidado,
        decid, pues, advertid, publicad daños
        dándome, como siempre, desengaños.

Ramiro Muchas veces, señor, os he advertido
        que de vuestros vasallos sois temido;
        mas aunque os temen, riguroso os llaman
        y es cierto que no os aman.
        Mostraos menos severo
        que amado podéis ser y justiciero.

Rey   Mirad, Ramiro, el padre que es prudente
        al hijo hace obediente
        mucho más con castigo que favores,
        y cuando los rigores
        se truecan con los hijos en regalos,
        pocas veces son buenos, muchas malos.
        Padre es también el Rey de sus vasallos,
        y como a hijos debe gobernallos,
        y el Rey que es respetado y es temido
        amado viene a ser, no aborrecido,
        y los que me temieren por severo
        amarme deberán por justiciero.

Ramiro A no haberme vos dado,
        señor, esta licencia….

Rey   Sin cuidado

	proseguid. No me enojo.
	Vuestro consejo por seguro escojo.
Ramiro	Una prisión...
Rey	¿De quién?
Ramiro (Aparte.)	De vuestro amigo, de Enrique. (Causa digo piadosa.)
Rey	¿Enrique, preso?
Ramiro	En vuestra ausencia usé de esta forzosa diligencia.
Rey	Pues, ¿no está perdonado? Y, ¿no está por vos mismo averiguado que yendo a caza —¡desdichado suerte!— a Álvar Ramírez, sin querer, dio muerte?
Ramiro	Si, señor, doña Mayor, hermana del muerto, como parte más cercana a quien la Reina mi señora estima, el pleito sigue y esta causa anima...
Rey	¿Mayor, su hermana....?
Ramiro	Y ella viene a hablaros, y por los dos aquí podrá informaros.
(Sale doña Mayor.)	
Mayor	Hijo del primer Alfonso,

cuyos soberanos hechos,
cuyas virtudes renombre
de católico le dieron,
nieto de Pelayo,
que fue azote, rayo fiero,
temor y asombro del moro,
de España blasón soberbio,
valiente Rey don Froilo,
también en nombre el primero
como en seguir las pisadas
del padre y preclaro abuelo,
oye, escucha, pues con todos
eres sabio y justiciero,
oye a Mayor, pues mi causa
pide que me estés atento.
Álvar Ramírez, mi hermano,
por disposición del cielo
a manos de Enrique, al fin
desdichadamente, ha muerto.
No digo que el homicida
fuese culpado en el hecho,
que la intención le hace salvo,
cuando su mano condeno,
pues tirando a un jabalí
pasó de mi hermano el pecho,
con ser toda tu privanza
Enrique, al fin no preso
le perdona tu justicia,
pues de palacio al momento
le mandas salir, y mandas
que pague con su destierro
la culpa del hado impío,
delito solo y exceso
que cometió la desgracia,

y porque ya el casamiento
de mi hermano con Elvira
había llegado a conciertos,
quisiste que sucediese
Enrique en lugar del muerto,
y fuese esposo de Elvira.
Tan de prisa, tan sin tiempo,
tan en mi ofensa y agravio
que cuando vine a saberlo,
ya no estabais en la corte
que ausente de ella, oprimiendo
estabais las libertades
de algunos rebeldes pueblos.
Sentí, sufrí, padecí,
sin declarar mi tormento
pocas horas, muchos siglos,
porque cualquier breve tiempo
es eternidad de penas
en quien está padeciendo.
Perdona que tengo amor.
Enrique está, señor, preso
de mi orden. Yo a Ramiro
que sostiene tu gobierno
con cautela le obligué
a esta locura, a este exceso,
hasta que hablarte pudiese,
previniendo yo con esto
que las bodas se estorbasen,
sin que en este impedimento
culpe a Enrique la obediencia
de servirte, pues yo tengo
la culpa sola, y la pena
de los males que padezco.
Con permitidos favores

me amaba; le amé primero,
aguardando la ocasión
en que le dieses por premio
de sus servicios mi mano,
y cuando yo la deseo
cuando nuevos daños lloro,
por el hermano que pierdo,
cuando es razón que me ampares,
cuando más justo derecho
tengo yo de ser su esposa,
¿Elvira merece serlo?
No, señor, Enrique es mío.
No, señor. Yo sola vengo
a ser legítima parte
que soy forzosa heredero.
Público fue nuestro amor.
Con públicos galanteos
me sirvió y yo le estimé.
Mi opinión padece riesgo,
ignorando mi cuidado,
mi voluntad no sabiendo,
pudiste dársele a Elvira.
Agora es agravio hacerlo.
Enrique me ama. No es bien
entregarle a un cautiverio
donde ha de vivir sin alma,
y dejarme a mí muriendo.
Haz a Elvira otra merced.
No la des esposo ajeno.
No me des a mí desdichas.
No la des a ella contentos.
Yo soy suya. Enrique es mío,
y de nuestros bienes mesmos
no puedes tú disponer

     cuando hay daño de tercero.
     Ya no dudo en tu justicia;
     ya en mi desdicha no temo.
     Esta merced me conceda
     y los pies por ella os beso.

Rey   A saber vuestro cuidado
     no le mandara casar,
     ni os diera yo tal pesar.
     ¿Sabéis que no esté casado?

Mayor   No me promete su amor
     tan pequeña confianza
     que así pierda la esperanza.
     Aún no ha seis días, señor,
      que vos mandaste se hiciese
     el casamiento, y sería
     poca fe, desdicha mía
     que tan de prisa estuviese.
      Más de su firmeza fío
     que de mí puedo fiar.

Rey   Sí; mas púdose casar.

Mayor   Casarse, no, señor mío;
      que quien ama en otra parte,
     que quien a otra dama estima,
     tarde a la empresa se anima.
     Con pasos de hielo parte.

Rey   Pues tanto habéis confiado,
     venga Enrique.

Mayor   No me queda

	en esta parte que pueda temer, ni que haber dudado.
Rey	No sepa a lo que ha venido Enrique.
Ramiro	El yerro confieso, señor. No le hubiera preso a haber la causa sabido.
Mayor	Ramiro, haz que venga Enrique.
Ramiro	Dentro de palacio está.
Mayor	El alma le aguarda ya. Mis dichas, Amor, publique.

(Vanse y sale Gonzalo, huyendo de un Alguacil, y otros tras él.)

Gonzalo	¡Aquí del Rey y su guarda; que me sacan de palacio!
Alguacil	No des voces.
Gonzalo	¿Cómo no? ¡Ah, del Rey! ¡Ah, de su bando! Daré voces. Daré gritos con más fuerza que un muchacho cuando tropezó, cayó, vertió el vino y rompió el jarro.
Alguacil	Ramiro manda buscarte.
Gonzalo	¿Búscame a mí? Malos años

	que al Rey se las tiene tiesas,
	y es un viejo temerario,
	y sobre cualquier embuste
	que algún soplador nefando
	le haya dicho contra mí,
	¿me hará poner en un palo.

| Alguacil | Ello ha de ser; que hemos de ir. |

Gonzalo	¿Es posible que vamos?
	Antón Rubio, vuélvase;
	que este lugar es sagrado
	y aquí no se prende a nadie.

Alguacil	Ése es de muchos engaño,
	que también puede ejercerse
	aquí a la luz de sus rayos
	la justicia; mas ya libre,
	vente conmigo, Gonzalo.

Gonzalo	¿Qué es vente? ¿No es más discreto
	con tres juntas de caballos
	—de bueyes iba a decir—
	con treinta mulas y un carro
	no me arrancaran de aquí?

| Alguacil | Pues, llevaréte arrastrando. |

Gonzalo	¡Ah, de Dios! ¡Ah, de la casa
	del Rey! ¿Este desacato
	se sufre?

(Quiere el Alguacil asir a Gonzalo y salen el Rey y criados.)

Rey	Mirad, ¿qué es eso?
Criado	Llegad; que el Rey llama.
Gonzalo	A un calvo, a un sastre que vacila parte con el mercader el paño, y encubriéndose uno a otro mienten ambos y hurtan ambos. A un tabernero insolente que da el vino bautizado, a un pastelero judío que arcas de Noé formando encierra todo animal desde la mosca hasta el gato, y finalmente, a un capón inútil que se hace gallo puede arrastrar, o a quien siempre lleva la soga arrastrando.
Rey	¡Gonzalo!
Gonzalo	Aquí es Antón Rubio, Antón Prieto o Antón Blanco que da en que me ha de arrastrar. Mejor le vea yo arrastrado de colas de cuatro potros, rijosos y mal domados. Viene a prenderme.
Rey	Si él viene, causa debes de haber dado.
Gonzalo	Cuando la diera, señor,

Rey	la inmunidad y el amparo
de tu casa ha de valerme.
Gonzalo, yo mismo mando
que no le valga mi casa
al delincuente o culpado.
Gonzalo	Igual fuera que mandara
que a palos y sartenazos
a todos esos corchetes
arrojaran de palacio.
Rey	En no hablando bien de todos,
Gonzalo, y no respetando
los que justicia administraran,
teme mi enojo y tu daño.
¿Qué has dicho? ¿Qué has hecho?
Gonzalo	Nada.
Ramiro anda calumniando
mis palabras y mis obras.
Rey	Vive bien y habla templado.
Dejadle libre.
Alguacil	No ha sido
su miedo de mal tamaño.

(Vase el Alguacil.)

Gonzalo	¡Vive Dios, que el alguacil
no se me ha de ir alabando!

(Vase Gonzalo y salen Ramiro y Enrique.)

Enrique
  La causa de mi prisión
  llegar no puedo a entender.

Ramiro
  El Rey solo conocer
  puede, Enrique, la ocasión.
   Llegad sin temor.

(Llégase Enrique.)

Enrique
              Dudoso,
  cuando te juzgo ofendido...

Rey
  Enrique, seas bien venido,
  que aunque me tienes quejoso,
   tanto Ramiro te abona
  que ha templado mi castigo.
  Que eres tú mi fiel amigo
  me dice.

Ramiro (Aparte.)   (Nada perdona.)

Rey
  ¿Cómo te hallas ya sin mí?

Enrique
  Como quien del Sol perdió
  la clara luz que gozó;
  como olvidado y sin ti.

Rey
   Levanta. ¿Por qué ocasión
  el casarte has dilatado?

Enrique
  Hante, señor, engañado;
  que no hubo más dilación
   en llegarte a obedecer
  que el tiempo que tú tardaste

	en mandarlo.

Rey   ¿Te casaste?

Enrique   Elvira es ya mi mujer.

Rey   ¿Tan sin prevención? ¿Tan presto?

Enrique   Fue forzosa diligencia
que a tu gusto mi obediencia
lo halló allí todo dispuesto.

Rey   Aunque me llega a pesar
me has hecho un grande placer.
Bien sabes obedecer.
Quiérote, Enrique, abrazar;
   que es cierto que aunque me holgara
que casado no estuvieras,
de que no me obedecieras
más, Enrique, me pesara.

(Salen Bimarano y Elvira con manto.)

Elvira   No me impida vuestra alteza
que publique mis agravios.

Bimarano   ¡Qué bien declaran tus labios
tu poco amor y firmeza!

Elvira   Es mi esposo.

Bimarano   Y yo, ¿quién fui?

Elvira   Quien excusarme pudiera

	que forzada el alma diera.
Bimarano	Pues, ¿pude yo hacerlo?
Elvira	Sí.
Rey	¡Infante!
Bimarano	Escudero soy de una ofendida deidad.
Rey	¿Quién es?
Bimarano	Elvira, llegad.
(Llega Elvira.)	
Elvira	Con justas quejas estoy a vuestros pies. Si me dais a Enrique, señor, si fue por vos mi esposo, ¿por qué tan presto me le quitáis?
Rey	Bimarano, aguarda afuera.
Bimarano (Aparte.)	(¡Qué cruel siempre conmigo! No mi hermano, mi enemigo mejor llamarle pudiera.)
(Vase Bimarano.)	
Elvira (Aparte.)	(¡Cielos! ¡Enrique está aquí!)
Rey	Vuestro esposo os vuelvo ya.

	Libre Enrique, Elvira, está.
	Ramiro, volved por mí
	y otra vez mirad primero
	a quién prendéis, y por quién.
Ramiro	¡Señor...!
Rey	Miradlo más bien.

(Sale doña Mayor.)

Mayor	Pues le he visto, ya no espero
	mayor dicha.
Rey	¡Qué rigor!
	Enrique.
Ramiro (Aparte.)	(¡Ocasión dudosa!)
Rey	Acompañad vuestra esposa
	y responded a Mayor.

(Vanse el Rey y Ramiro.)

Enrique	Todo es tormentos, rigores,
	todo es confusión, desvelos.
Elvira	¡Qué prisión!

(Llega doña Mayor.)

Mayor	¡Enrique!
Enrique	¡Ay, cielos!

Mayor	¡Cuántas penas y temores
	me cuestas! Aquí está Elvira.
	¿Tan pronta tus pasos sigue?
	¿Tan resuelta me persigue?
	Su amor su constancia mira.
	Vínele al Rey a pedir
	tu libertad. Ha alcanzado
	el premio de su cuidado.
Elvira	¿Qué es esto, Enrique?
Enrique (Aparte.)	(Es morir.)
Elvira	¿Suspenso y sin responderme?
	Pero si escucho a Mayor,
	¿qué desengaño mayor
	de que has venido a ofenderme.
(Vase Elvira.)	
Mayor	Mira que Elvira se va.
	Enrique, ¿no vas con ella?
	Síguela. Teme ofendella.
	Tan enamorada está
	que a hablar al Rey ha venido
	aun antes de ser tu esposa.
	¡Qué engañada, qué gozosa
	a verte había yo salido!
	Sin prevenir, sin temer
	encontrar este pesar.
	¿No la vas a acompañar?
	Bien la debes de querer.
	Cuando el alma salió a verte,

culpando prolijos plazos,
cuando pensé darte abrazos
—mejor fuera darte muerte—
ingrato, das ocasión

para que Elvira te siga?
¿Quién duda que ya la obliga
tu mudable condición?

Enrique (¡Ah, rigor! No lo ha entendido.
Mi propia muerte ha ignorado.
No piensa que estoy casado
ni sabe que la he perdido.
    «Acompañad vuestra esposa,
y responded a Mayor»,
dijo el Rey. ¿Si nuestro amor
le ha dicho? ¡Pena forzosa!
    Pero yo me he de perder
si a vista de tanto fuego
a sus dos soles me entrego.
¿Qué la puedo responder?)

(Quiere irse Enrique.)

Mayor   Enrique, ¿te vas?

Enrique   Señora...

Mayor   Que pues tú así me respondes,
alguna traición escondes.
No escondes. Ya la vi agora.

Enrique   ...el Rey...

Mayor   ¿Cómo el Rey? Espera.
¡Ay de mí! Que cuando entré,
sin hablarme, el Rey se fue.
¡Y Elvira aquí! ¡Muerte fiera!
    Mi esperanza fue locura.
¡Irse el Rey, quedarse Elvira!
Sí, que a quien el Rey no mira
cualquier desdicha asegura.
    Más es de mi amor, temor,
Enrique, sin quejas. Ya
el Rey informado está
y hele dicho nuestro amor.

Enrique   ¡Si él fue causa...!

Mayor   ¡Aguarda! ¿Es cierto?

Enrique   Yo —escucha—, no estoy culpado.

Mayor   ¡Ah, traidor, que te has casado!

Enrique   ¡Ah, mujer, que tú me has muerto!

(Vase Enrique.)

Mayor   ¡Plegue a Dios que en mi venganza
te acabe traidora mano,
movida de algún tirano!
¡Plegue a Dios que tu esperanza,
    pues que la mía murió,
cuando en sus brazos te entregué,
en llanto entonces te anegué!
La dicha, pues, me faltó.
    ¡Plegue a Dios que entre recelos

mueras con infame nombre;
pero no, bajo renombre
aumentan tu honor los cielos!
 ¡Plegue a Dios que pueda ser
—si no me acaba el pesar—
que yo te vuelva a cobrar
pues no te sé aborrecer!

Fin de la primera jornada

Jornada segunda

(Salen el Rey, leyendo un memorial, y criados.)

Rey
¿Quién más confusión halló?
De algún encubierto mal
me avisa este memorial,
sin saber quién me le dio.

(Lee.)
«Amado y favorecido
es de todos Bimarano;
temed que aunque es vuestro hermano,
sois del pueblo aborrecido.»

¡Hola!

Criado
¿Señor?

Rey
Salid presto.
Mirad si podéis hallar
el que me ha llegado a dar
este memorial.

(Vanse los criados.)
¿Qué es esto?
¿Quién me obliga a este rigor?
«Temed que aunque es vuestro hermano...»
No le aborrezco yo en vano.

(Salen los criados.)

Criado
Nadie hay afuera, señor.

Rey
¡Qué gran yerro es recibir
memoria, carta o papel,
sin ver lo que viene en él,

        sin conocer y advertir
           quién es quien le llega a dar,
        y allí información hacer
        si es traición, por no temer;
        si es verdad, por no dudar.
           De un infante la opinión
        mintiendo —ioh papel!— desdoras;
        que hay también plumas traidoras
        como hay manos que lo son.

(Rompe el memorial y sale Enrique.)

Enrique (Aparte.)   (¿Dónde está el bien que perdí?
        ¿Dónde el mal que lloro está?
        A mi pesar vivo ya
        si es vivir penar así.)

Rey   Enrique, ningún placer
        Ramiro hacerme pudiera,
        que más yo le agradeciera
        como llegarme a ofrecer
           con tu prisión la ocasión
        que yo tanto deseaba.
        Muy solo sin ti me hallaba;
        que aunque es común opinión
           que un Rey a nadie echa menos,
        es yerro, pues su grandeza
        no muda naturaleza,
        y los vasallos tan buenos
           siempre llegan falta a hacer,
        y es cierto que un Rey prudente
        si no lo muestra, lo siente.

Enrique   Quien alcanza a merecer

	escuchar tan gran favor,
	mucho debe a su fortuna.
Rey	Mi amistad siempre fue una.
Enrique	Bésoos los pies, gran señor.
Rey	Siempre, Enrique, te estimé.

Rey
    Siempre, Enrique, te estimé.
Fuerte materia de estado
fue la que te ha desterrado;
que yo no te desterré.
   Y aunque llego a estar servido
de haber sabido de ti,
que te casaste por mí,
en parte me has ofendido
   por no haberme declarado
si es que llegabas a amar,
Enrique, en otro lugar,
la causa de tu cuidado.

Enrique
   Si con gusto mío fuera,
donde el vuestro precedió,
poco mereciera yo,
poco mi obediencia hiciera.

Rey
   ¿Luego tú casado estás
sin gusto?

Enrique (Aparte.)
      No, señor mío.
(¡Oh, amoroso desvarío!
¿Dónde con mis penas vas?)

Rey
   ¿No quieres mucho a tu esposa?
¿No la estimas?

Enrique   Fuera culpa
poco digna de disculpa
no hacerlo ya. Es ley forzosa.
   Después que la recibí,
por mi esposa debo amarla,
honrarla y bien estimarla,
por Dios, por vos, y por mí.
   Por Dios, porque Él lo mandó,
por vos, por me haber casado,
por mí, porque la he fiado
el honor que tengo yo.
   Y pues ya os obedecí,
fuerza es ya que la he de amar,
fuerza es que la he de estimar
por Dios, por vos y por mí.

Rey   Justamente me ha obligado
tu gran valor. Los dos solos,
tú y Ramiro, sois los polos
sobre que fundo mi estado.
   Ven acá. De tu verdad
he de fiar un desvelo.

(Aparte.)   (No es, advierte, aunque recelo
poner duda en su lealtad;
   que a dudar de su valor
a mí me ofendiera es llano.)
Sabes tú si Bimarano
entre el aplauso y favor
   que del pueblo alcanza, llegue
con bizarra juventud
a liviandad o ingratitud
que sin prudencia le entregue
   a escándalo conocido,

(Aparte.)	que pueda ofenderme a mí, y que él, fiando de sí... (¿Qué digo? ¡Que voy perdido!)
Enrique	Señor, llegarle a estimar el pueblo, por ser hermano del que es señor soberano, no sé que pueda engendrar pensamiento en él, ni en ti sospecha; que al parecer degenere de aquel ser que él tiene por ti y por sí.
Rey	Que sale de noche sé. ¿Dónde a divertirse va?
Enrique	Si te han informado ya; lo que es público diré. Al jardín de Nuño pasa alguna vez, porque tiene sitio ameno.
Rey	¿Y a ser viene cerca de tu calle y casa?
Enrique	Sí, señor.
Rey	Pues prevenido esta noche, Enrique, está; que hemos de ir los dos allá.
(Vase el Rey.)	
Enrique	En vano el Rey ha temido.

(Sale Gonzalo.)

Gonzalo
    Cuatro mil veces, señor...
¿Cómo cuatro mil? ¡Cuarenta!
Noventa mil veces, digo,
que muy norabuena vengas
a la corte y a palacio,
y a la gracia del Rey vuelvas;
que sin ti Gonzalo estaba
como esclavo en tierra ajena.
Tuyo soy; vuélvome a ti.

Enrique
Gonzalo, a mis brazos llega.

Gonzalo
Tú eres mi amo, no el Rey.

Enrique
¿Cómo estás?

Gonzalo
    Como en galeras
después que tú me faltaste.
Mandóme el Rey que no fuera
contigo, y que me quedara,
y aunque me quedé por fuerza,
pensé que pescaba bogas
y se me han vuelto culebras.

Enrique
¿De qué suerte?

Gonzalo
    Ha dado el Rey
en burlarse de manera
conmigo sin darme nada
que pierdo ya la paciencia.
¿Ves su semblante severo,

	su compostura y modestia?
Enrique	Sí, Gonzalo.
Gonzalo	Pues no hay burla
que allí contra mí no quepa.
Enrique	¿Cómo?
Gonzalo	Descuidóseme un poco.
Deslizóseme la lengua
sobre cosas de gobierno,
que como es esta materia
tan larga, y todos la cantan,
aunque hay pocos que le entiendan,
yo también reformar quise.
Súpolo el Rey, y por esta
causa manda con secreto
que me busquen, que me prendan,
y con Ramiro me asombren;
que es quien las leyes gobierna.
En fin mi culpa criminan:
ya me prenden, ya me sueltan,
ya me vuelven a buscar
con tan grande diligencia
que ni sé cuando es de burlas
ni menos cuando es de veras.
Enrique	¿Y quién, di, te mete a ti
con el gobierno?
Gonzalo	Si llega
la malicia a punto ya
que sobre que no la dejan
como otras veces vivir

                con libertad de conciencia,
                hace creer que no hay trigo
                cuando están las trojes llenas,
                cuando el que siembra perece
                y lo coge el que no siembra;
                si adivinas...

Enrique   Déjate de eso,
                que no es para tu cabeza.

(Sale doña Mayor, leyendo una carta.)

Mayor (Aparte.)   (Aquí está el ingrato Enrique.
                Necesario es que ya entienda
                que ni estimo su privanza
                ni su olvido me desvela.
                Sin mirarle, ni hacer caso
                de que le he visto o me vea,
                delante de él pasaré
                leyendo esta carta.)

Enrique   Espera.

(Pasa Mayor por delante de Enrique, leyendo sin mirarle.)

Gonzalo   ¿Aun te dura todavía?
                Mayor es. ¿Qué te embelesa?

Enrique   Mi mayor tormento, di.

Gonzalo   ¿Cuál estará la tal fembra
                de ver que te hayas casado?
                ¿Quién de tu amor lo creyera?

Mayor (Aparte.)	(¡Cielos, no me habla! ¿Si acaso
	no me ha visto? ¿Él irme deja?
	Hablarle quiero yo misma,
	y desmentir su sospecha.
(Llega a hablarle.)	¡Ay, Amor! Estos rodeos
	pienso que tú los conciertas.)
	Enrique, para serviros
	la misma soy que antes era;
	que como de tus engaños
	y tus fingidas cautelas
	no tuvo el alma noticia,
	que mi pasión contuviera
	te hablé allí, te miré entonces
	y manifesté mis quejas,
	no como a esposo de Elvira
	pues no pensé que lo fueras.
Gonzalo (Aparte.)	(Puestos están frente a frente
	rásguense bien la melena;
	que yo para no estorbarlos
	elijo picar soleta.)
(Vase Gonzalo.)	
Mayor	Discúlpame con tu esposa,
	porque no es razón que tenga
	celos sin causa por quien
	es menos dichosa que ella.
	La verdad: ¿riñóte mucho?
	¿Mostró condición muy fiera?
	¿Dúrala, Enrique, el enojo?
	¿Hanse acabado las quejas?
Enrique	Ya, señora, el desengaño,

| | la verdad y la certeza
de que soy suyo, la obligan
a que mis disculpas crea. |
|---------|---|
| Mayor | Dices bien, que eres ya suyo,
y darte crédito es fuerza.
¿Quiérete mucho en efecto?
Mas sí querrá que es discreta.
¿Si quiéresla mucho tú?
Mas sí la querrás que es bella. |
| Enrique | Como a mi esposa la estimo,
y Elvira también contenta
paga liberal mi amor
con regalos y ternezas. |
| Mayor | ¡Oh, aleve! ¿No lo callaras?
¡Oh, ingrato! ¿No lo encubrieras
siquiera por lo que escucho
por no matarme siquiera? |
| Enrique | Si es ya obligación forzosa,
y es infame el que la niega;
si soy su marido en fin,
¿en qué opinión me tuvieras
si te hablara mal de Elvira
aunque ya la aborreciera? |
| Mayor | Pues, ¿fáltante a ti razones
y palabras halagüeñas,
que encantando los oídos
tienen nombre de sirenas,
para mudar el lenguaje
sin dar tan notorias señas |

	de que te quiere y la estimas

                    de que te quiere y la estimas
                    tan tierno cuando hablas de ella?
                    Loca estoy. Yo estoy perdida.
                    Yo te doy la enhorabuena
                    de tu dicha, y de mi muerte.
                    Vete, Enrique. A Dios te queda.

Enrique   Primero, Mayor hermosa,
                    me has de conceder licencia.

Mayor   ¿Para qué?

Enrique   Para decirte...

Mayor   ¿Qué quieres decir?

Enrique   ...mis penas,
                    mis pesares, mis tormentos,
                    mis congojas y tristezas.

Mayor   ¿Buen modo, Enrique? Bien dicen
                    que hay hombres que luego dejan,
                    en casándose, de ser,
                    y mudan naturaleza,
                    incapaces, indiscretos,
                    y olvidados de lo que eran.
                    Pero prosigue. ¿Qué quieres?
                    ¿Qué engaños decirme piensas?

Enrique   Ver, señora, ver que el Rey
                    me castiga y me destierra
                    por la muerte de tu hermano,
                    que tanto dolor me cuesta.
                    Pensar que tú fuiste causa

             de mi destierro, y que llegas
             por su muerte a aborrecerme,
             y que ya en venganza truecas
             el amor de tantos años.

Mayor   A ser yo tú, que en ausencia
             de solos seis días no más
             te casas, y me desprecias...
             ¡Quita, quita! No las toques.
             Disculpas y agravios duerman,
             que agora sí que podrán
             despertar venganzas muertas.

Enrique   Si por fuerza el Rey...

Mayor   Villano,
             mientes. Tu maldad confiesa.
             El Rey no pudo forzarte,
             que no hay en las almas fuerza.

Enrique   ¿No basta verme muriendo?
             ¿No basta ver que padezca
             sin esperanza de vida?

Mayor   Enrique, estaba tan cerca
             el ver hoy que estás casado,
             el ver que ayer no lo eras,
             que pudo el alma olvidarse,
             y hacer que a mi engaño vuelva;
             mas ya advertida del daño
             estoy. Vete, y no te atrevas
             jamás a verme ni hablarme.
             Mira que mi pecho encierra
             un volcán de ardientes rayos

Enrique	que de salir están cerca. Aunque di la mano a Elvira, nunca estuvo de ti ajena el alma. Siempre fue tuya. No es bien que a Elvira la debas.
Mayor	Pues que la mano la diste, el alma también la entrega.
Enrique	¡Que te pierdo y vivo! Adiós.
Mayor	¡Ojalá que lo sintieras para que yo me vengara!
Enrique	Ya lo siento, y ya te vengas. A no estorbarlo el lugar...
Mayor	Si por el lugar no fuera...
Enrique	...mi disculpa te obligara.
Mayor	...tu muerte fuera más cierta. Vete, que te la haré dar si hablas, villano, de veras.
Enrique	Sin ti quedo y sin mí voy.
Mayor	Y yo con mi agravio muerta.

(Vanse Enrique y Mayor. Salen Elvira y Constanza a una ventana.)

Constanza	Señora, el peligro advierto, que ya el empeño amoroso del infante es sospechoso.

      Ya el tiempo trocó la suerte.
       Dice en fin que has de escucharle
      o que muerte se dará,
      y que a hablarte aquí vendrá.
      Hablarle y desengañarle
       con prudencia es lo mejor;
      que Amor es poder soldado,
      si se juzga despreciado
      no mira en riesgos de honor.

Elvira   Cuando es Enrique mi esposo,
      cuando pudiera temer
      de su valor, su poder,
      extremos de poderoso
       hace contra mi opinión,
      Constanza. Habláréle ya,
      que en mi respuesta verá
      cuán loca es su pretensión.
       Quise bien, y aun quiero bien
      a quien digo que aborrezco.
      El alma al infante ofrezco,
      favor los cielos me den,
       pues es fuerza confesar
      que le quiero y no le quiero,
      que le espero y no le espero,
      que he de amar y he de olvidar.

(Sale Bimarano de noche embozado.)

Bimarano   Disculpe mi ciego error
      quien vio crecer su esperanza,
      quien ya con la confianza
      llegó al cielo del favor.
       Enrique con el Rey queda.

                        Esta noche he de saber
                        qué medio debo escoger
                        para que ya vivir pueda.
(Llega a la ventana.)   Gente en la ventana está.
                        ¿Es Constanza?

Elvira   Y quien pretende
                        venganza de quien ofende
                        tan libre esta casa ya.
                            ¿Es estimarme afrentarme?
                        ¿Es, señor, tenerme amor,
                        despreciar así mi honor,
                        y a una desdicha obligarme?

Bimarano   ¿Si ha sido hazaña, señora,
                        dejarme sin ti y sin mí,
                        casarte y burlar así
                        a quien sabes que te adora?

Elvira   ¿Pues tengo la culpa yo?

Bimarano   Sí, que tu rigor lo ordena.
                        Tú la culpa y yo la pena
                        tenemos.

Elvira   Tú sí; yo no.

(Salen el Rey y Enrique.)

Rey   Adelántate y procura
                        saber si el infante está
                        en casa de Nuño ya.

Bimarano   ¿Esto es razón?

Elvira   Es locura.

Enrique   A servirte voy.

(Vase Enrique.)

Rey   Aquí
te aguardo.

(Acércase a la ventana.)

Elvira   Si me quisieras,
mi casamiento impidieras.

Bimarano   ¿Pude yo impedirlo?

Elvira   Sí.

Constanza   Señora, en la calle hay gente.

Rey (Aparte.)   (Ésta es la casa de Enrique.)

Elvira   Mi ofensa más no publique.
Mi deshonra más no intente.

Bimarano   Ya mi industria prevenida
viene contra ese temor.
Constanza, aguarda.

Elvira   ¡Ah, señor!
¡Que me has de costar la vida!

(Vase doña Elvira.)

Rey (Aparte.)	(Una ventana está abierta ¡Cielos, y un hombre hay aquí!)
Bimarano	(¿Si es que éste es Enrique? Así dejo su sospecha incierta.) 　Como yo a Enrique busqué, decir, Constanza, podrás, y que le aguardo dirás en casa de Nuño.
Rey (Aparte.)	(Hallé más confusión, más desvelos.)
Constanza (Aparte.)	En viniendo Enrique, al punto lo diré. (No es malo el punto para desmentir recelos.)
(Vase Constanza.)	
Rey (Aparte.)	(Bimarano es.)
Bimarano (Aparte.)	(Si es Enrique con esto le he asegurado.)
(Vase Bimarano.)	
Rey	Mi sospechoso cuidado nuevas dudas ya publique. 　En casa de Nuño, en fin, que le aguardaba escuché. Venga, pues, Enrique. Sabré qué casa es ésta o jardín.

(Sale Gonzalo con un bastoncillo en la mano, una linterna y sombrero grande.)

Gonzalo (Aparte.) (Sin que haya en mí reparado
los pasos del Rey siguiendo
he venido. La ocasión
es linda. Yo estoy a tiempo
de que me pague la burla
con otra que le prevengo.)

Rey (Aparte.) (Ésta es justicia, y aquí
que me reconozca siento.
Él se acerca. ¿Qué he de hacer?)

Gonzalo (Aparte.) (Ahora con mi burla empieza.)
¿Quién es quien va a la justicia?
¿Qué se turba? Diga presto.

Rey (Aparte.) (Mal hice en quedarme solo.)

Gonzalo Algún ladrón encubierto
debe ser. ¿No me responde?

Rey Sí respondo.

Gonzalo Pues, ya es tiempo.
Diga quién es brevemente.

Rey Poco os importa saberlo,
y el no decirlo me importa.
Siga adelante. Yo os ruego
que no me reconozcáis.

Gonzalo ¿Cómo, cómo? ¡Bueno es eso!

	¿Ladroncito no sois vos?
	Diga el nombre, o ¡vive el cielo!...
Rey	No juréis. No os enojéis.
	Que decir quién soy no puedo.
Gonzalo	Pues, vuesamerced perdone
	porque le he de llevar preso.
Rey	No os acerquéis.
Gonzalo	¿Cómo no?
	Descomedido grosero,
	¿con los ministros del Rey...?
Rey	Tratadme más bien.
Gonzalo	No quiero,
	que estoy la justicia yo,
	y traigo al Rey en el cuerpo.
Rey	Señor, hidalgo, esa vara
	sé yo muy bien que os la dieron
	para que seáis cortés,
	reportado y muy atento.
	Para prender delincuentes,
	para castigar excesos,
	no para tratarlos mal,
	pues solo os toca prenderlos,
	no afrentarlos ni injuriarlos.
Gonzalo	¡Bien con eso comeremos!
Rey	Enmendaos, por vida vuestra,

| | que a saberlo el Rey,... |

Gonzalo   ¡Consejos,
respuestas y sermoncitos!
¿Hay mayor atrevimiento?
No huya. Vengan las armas;
que le echaré si me empeño...

Rey   ¿Adónde?

Gonzalo   ¿Qué me replica?

Rey   No replico. Deteneos.

Gonzalo   ¡Resistencia! ¡Resistencia!
¡Aquí del Rey!

Rey   ¡Quedo, quedo!

Gonzalo   ¡Resistencia!

Rey   No deis voces.
(Aparte.)   (Que me conozcan recelo.)

Gonzalo   Diga quién es.

Rey   Un criado
soy de Enrique.

Gonzalo   Es embeleco.

Rey   Verdad es. Ésta es su casa.

Gonzalo   Pues, ¿cómo no os entráis dentro?

Rey	Que aguardase aquí mandó.
Gonzalo	¿De qué le servís, mancebo? ¿De bravo para la noche, de alcahuete o broquelero?
Rey	De lo que manda le sirvo.
Gonzalo (Aparte.)	Ahora bueno está. Yo os creo. (Peguésela.) A los criados de tan grandes caballeros como Enrique, es justa cosa guardarles todo respeto.
Rey	¡Notable humor de alguacil! ¿Cómo os llamáis?
Gonzalo	Juan de Diego, que nunca hizo mal a nadie sino coger su dinero.

(Descúbrese y conócele el Rey.)

Rey	Hablad a Enrique.
Gonzalo	Sí, haré. «Ite in pace» y recogeos.
Rey	¡Gonzalo!
Gonzalo	¿Quién sino yo?
Rey	¿Tú has tenido atrevimiento?

Gonzalo	¿Señor...?
Rey	Villano ignorante.
Gonzalo	Todo ha sido chanza y juego.
Rey	No entres en palacio más.
Gonzalo	No pensé yo...
Rey	Vete, necio.
Gonzalo	Acabóse. En la ceniza hemos dado con los huevos.

(Vase Gonzalo.)

Rey	¡Qué atrevido! Enrique tarda; mas, ¿si es él que viene? Quiero nombrarle.

(Sale Enrique.)

Enrique	¿No está aquí el Rey?
Rey	¡Enrique!
Enrique	Mudado ha puesto. Cerca de mi casa está. Que no está el infante, es cierto, señor, en casa de Nuño.
Rey	Enrique, mirad primero,

| | si me servís, si es verdad
             lo que decís.

| Enrique | Pues, ¿yo puedo
             no serviros, no decirla?

| Rey | Alguna sospecha tengo.

| Enrique | ¿Sospecha de que os engaño?
             Si he sido, señor, yo el mesmo
             que en casa de Nuño os trae,
             .... [-e-o].

| Rey | Si el infante a vuestra casa
             viene a buscaros, bien pienso,
             si pienso que le servís
             más que a mí.

| Enrique | Menos entiendo
             la culpa que me estáis dando.

| Rey | Declararme más espero.
             El infante vino aquí,
             y en esa ventana...

| Enrique | ¡Ay, cielos!

| Rey | Habló con una criada
             y dijo —yo estuve atento—
             que a vos os buscaba, Enrique;
             que os dijesen en viniendo
             que en casa de Nuño fueseis.
             Mirad, si viene bien esto
             con decir que no está allá.

	Yo, Enrique, lo escuché. Presto sabré yo mismo...
Enrique	Señor, si Nuño... si yo no acierto...
Rey (Aparte.)	No os he menester. Quedaos. (Bien dudo. No en vano temo.)
(Vase el Rey.)	
Enrique	¿Buscarme el infante a mí a estas horas? ¿A qué efecto a mis ventanas de noche? Pero agora, ¿con qué intento puede buscarme el infante? Ir él mismo ahora me acuerdo, adonde estaba mi aldea, ser él mismo el mensajero de que me iban a prender, pudiendo hallar otro medio para avisarme. ¡Ay de mí! ¿Despeñado pensamiento! ¿Dónde vas? ¿Dónde me llevas? Yo me abraso. Yo me pierdo. Venir a mi casa agora, si en palacio le hablo y veo, decir que en casa de Nuño me aguarda también? ¿Qué es esto? Escucharlo el Rey. Decirme: «Enrique, mirad primero si me servís, si es verdad lo que decís.» Irse luego, sin querer que le acompañe.

Algún trato, algún concierto
en que me juzga culpado
sabe el Rey; pero yo llego
a sentir contra el infante.
Un mar confuso navego
de borrascas y peligros,
de sospechas y recelos,
pues si disculpo al infante
a mi propia causa vuelvo.
¡El Rey le halló a mis ventanas
y a tales horas! Teneos,
cuidados tristes. Pasad,
confusas olas, que el centro
me mostráis de mis desdichas;
que parece que tropiezo
más con ellas mientras más
por no encontrarlos rodeo;
porque su virtud, mi esposa,
ser yo de esta casa dueño..,
¡Oh, lengua vil! Claro está.
Tú lo dices. Tú hablas de ello.
Pero ya el alba despierta
y yo imagino que sueño;
que en la sospecha hallo muerte,
y en la disculpa hallo fuego.

(Vase Enrique. sale doña Mayor.)

Mayor   Felices son los días
que el labrador en soledades pasa,
pues todas sus porfías
se alejan de una humilde casa,
viviendo jubilado
del ruido de palacio no excusado.

Levántase gozoso
al tiempo que la aurora se levanta,
cuando en su estrado hermoso
vestir la mira de belleza tanta,
que vertiendo candores
siembra el campo de luces y de flores.
　　　A las aves doradas
despierta con sus rústicas pisadas,
que a coros divididas
por mil cumbres de rayos coronadas,
mirando el rojo oriente
al nuevo Sol saludan dulcemente.
　　　Absorto de esta gloria,
los ojos vuelve al campo matizado,
y entre la memoria
allí mira el rocío aljofarado
guarnecer la violeta,
la grave rosa y cándida morgueta.
　　　Allí mira verterse
la clara fuentecilla entre la hierba;
ya en ella pudo verse
retozar el corderillo tras la cierva;
el Sol baña los llanos,
y espigas vuelve los vertidos granos.
　　　La sazonada fruta
él la descuelga de la opima rama,
su cansancio conmuta
el verde soto en regalada cama;
que si hay gloria en el suelo,
en aquella quietud la puso el cielo.
　　　No hallo lugar seguro,
después que vi burlada mi esperanza,
unas veces procuro
tomar de mi desprecio cruel venganza,

otras —¡qué amor tan necio!—
disculpo a Enrique. Olvido mi desprecio.
   Ya es llanto, ya tristeza,
lo que antes gloria: ver a mi enemigo.
La confusa grandeza
de este palacio, es para mí castigo.
Este jardín, sus flores
me diviertan y templen mis rigores.

(Salen el Rey, Bimarano y Ramiro. Escóndese Mayor.)

Rey   ¿Adónde, infante, estuviste
                       anoche?

Bimarano (Aparte.)   (¡El pesar me acabe!
                       Que salí, sin duda, sabe.)

Rey   ¿No respondes? ¿Dónde fuiste?

Bimarano   Señor, que salí es verdad.

Rey   ¿Quién fue con vos?

Bimarano   Solo fui.

Rey   ¿Vos solo y de noche? ¿Así
                       desprecias la majestad?
                          ¿Con quién hablasteis?

Bimarano (Aparte.)   (Recelo
                       que fue Enrique el que llegó,
                       o que alguno me siguió.
                       La verdad importa. ¡Ah, cielo!)
                          A su casa fui a buscar

	a Enrique, que como alcanza
tanto con vos su privanza,
quise...
Rey	Pues, ¿no había lugar
en palacio para hablarle
sin ir a su casa vos?
¿Qué teníais que hablar los dos?
¿A qué fuisteis a buscarle?
Bimarano	He sabido que tratáis
de enviar embajador
a Francia, y quiero, señor,
si vos licencia me dais,
ser yo quien a Carlo Magno
lleve la embajada vuestra,
y quise...
Rey (Aparte.)	(¡Bizarra muestra
de un infante que es mi hermano!)
Bimarano	...que Enrique os lo suplicara.
Rey	No es para vos esa acción.
Bimarano (Aparte.)	(No hallé otra satisfacción
que más a mi amor cuadrara.)
Rey	¿Dónde fuiste más?
Bimarano	No hallé
a Enrique...

(Mayor oculta.)

Mayor	¡El Rey está aquí!
Bimarano	...y al punto me recogí.
Rey (Aparte.)	(Sin causa a Enrique culpé.
	Honrarle y premiarle espero.
	De la verdad me ha informado.)
	Sobre lo que hemos tratado
	enviar, Ramiro, quiero
	a Enrique a Francia. Ve, pues,
	y di que venga a hablar
	que hoy le pienso despachar.
Ramiro	Digna empresa suya es.
	Su prudencia a Carlo Magno
	podrá tu intento advertir.
Rey	Vos, moderad el salir
	de noche; que sois mi hermano.
(Vase el Rey.)	
Bimarano	¡Fuerte condición!
(Vase Bimarano.)	
Mayor	No hay parte,
	no hay tan remoto lugar
	donde no halle mi pesar
	.... [-arte].
	Al Rey escuché que envía
	a Francia a Enrique, y es tal
	en mí esta pasión mortal

                    que lo mismo que podía
                        ser consuelo, me atormenta.
                    Lloraba el verle presente,
                    y ya el pensar que se ausente
                    penas a penas aumenta.

(Sale Enrique.)

Enrique   Aquí dicen que está el Rey.
                    En fuerte ocasión me envía
                    a Francia; que si porfía
                    habré de ir. Su gusto es ley.
                        Mas como en entrando en casa
                    Constanza fiel me avisó
                    lo mismo que sabía yo,
                    a necia sospecha pasa
                        mi desvelo.

Mayor   ¿Venís ya
                    de camino?

(Enrique, sin hacerle caso.)

Enrique   Mas bien pudo.
                    Sí, pudo ser. No lo dudo
                    viendo que culpada está,
                        para mejor encubrir
                    si es engaño su traición
                    usar de esta prevención.
                    ¡Ea, dejadme vivir
                        dudas, ya basta el rigor!

Mayor   ¿Nace ese divertimiento
                    de la ausencia? ¿Es sentimiento

	de finezas que hace Amor
	porque dejáis vuestra esposa?

Enrique   ¿Aquí estáis, señora mía?

Mayor   ¡Buena anda la fantasía!

(Como abstraído.)

Enrique   Es obligación forzosa.

Mayor   ¿Qué decís?

Enrique (Aparte.)   (Retiraréla
             a una aldea. Es desacierto
             que si no es mi agravio cierto
             y es engaño. Ofenderéla.
                La confianza ha de ser
             la que ha de volver por mí.
             Si no me ha ofendido, sí;
             mas si me llega a ofender,
                ¿qué importará mi cautela,
             el retiro ni el lugar,
             si allí me sabría buscar
             mi deshonra? ¡Mataréla!)

(Pone furioso la mano a la daga.)

Mayor   ¿Qué es esto, Enrique?

Enrique   Señora,
             ¿mandáis algo para Francia?
(Aparte.)   (¡Qué imprudencia! ¡Qué ignorancia!
             Sin sentido estaba agora.)

Mayor	¿Qué turbaciones son éstas, Enrique?
Enrique (Aparte.)	(Miente el recelo, que Elvira es ángel del cielo.) ¡Ah, Mayor, lo que me cuestas!
Mayor	¿Por qué, señor?
Enrique	¡Triste suerte! Porque me casé con quien no sé si me quiere bien; que a ser tú mi esposa —advierte— contento partiera yo.
(Aparte.)	(Honor, contento partieras; que mujer que ama de veras nunca a su esposo ofendió.)
Mayor	Pues, ¿Elvira...?
Enrique	Sí, señora, Elvira es mi propio honor.
Mayor	Oye, ¿no estima tu amor?
Enrique	Yo la estimo. Ella me adora.
Mayor	Pues, ¿qué causa...?
Enrique (Aparte.)	(¡Dura ley!)
Mayor	¿Qué te obliga? Escucha, advierte...

Enrique	¡Ah, Mayor, que me das muerte!
Mayor	Mira, Enrique...
Enrique	¡El Rey, el Rey!

(Detiénele Mayor el brazo, y éntrase Enrique sin escucharla.)

Fin de la segunda jornada

Jornada tercera

(Salen doña Mayor, Elvira y criados.)

Elvira
    Al campo me habéis traído,
Mayor, y mucho cuidado
vuestra prevención me ha dado.
Decid, ¿a qué hemos venido?
    Si son vuestras impacientes
ansias de celos o amores,
no es bien lo rían las flores,
o lo murmuren las fuentes.
    Y si a nuestras amistades
consejos queréis pedir,
no era menester venir
buscando las soledades.

Mayor
    Son tan grandes los rigores
de mis males inclementes,
que han de enternecer las fuentes
la soledad y las flores.
    Y así, porque mis cuidados
con lástima os ablandaran,
quisiera que nos dejaran
a solas esos criados.

Elvira
    Junto a esa fuente aguardad,
o todos volved a casa
mientras que la tarde pasa.

(Vanse los criados.)

Mayor   Hermana Elvira, escuchad:

Vuestra dicha y mi desgracia
que las dos parejas corren,
una en los bienes que logra,
otra en los males que escoge,
os dio a Enrique, me quitó
a Enrique. Mil años goce
de la dicha de ser vuestro,
sin que la envidia lo estorbe.
Hizo el Rey de su elección
una justicia. Envióle
a Francia para que a Carlos
detenidamente informe
de sus piadosos intentos,
y unido sus escuadrones
con los de Froilo, al moro
soberbio, de España arrojen.
Perdonad si es que mi amor
declaro, pues está en orden
que le declare por firme,
sin que mi opinión desdore.
Vi partir a Enrique yo;
mas él, que de mí conoce
que aun entre muestras cenizas
centellas vivas se esconden,
fue sin despedir de mí.
Fuése por fin y dejóme
con sus confusos desvelos
como suele cuando oye
la piadosa madre a un hijo
a quien poderosos golpes
del tiempo y de la Fortuna
agravios y sinrazones
del hado esquivo contrastan
que a morir ya le disponen.

Un año, un mes, cuatro días
ha que partió de la corte
Enrique, y aun los minutos
con ser las partes menores
de las horas he contado
con sollozos y clamores.
Ya, pues, de los Pirineos
los muy elevados montes
atraviesa cuando vuelve
de Francia, pero en un bosque
la traición le salió al paso.
Bien pienso que sabéis donde
está. Cautivo le tienen
entre bárbaras prisiones,
sin que el Rey sepa de Enrique
sin que, para que se compre
su libertad, sepa el oro
que parte o lugar le esconde.
Vos sabéis de él y el infante.
No son cifras, no son motes
oscuros. Ya me declaro,
que por encubrir errores,
que ya el tiempo manifiesta,
que por afrentas no aborten,
del hurto que el vientre encierra
y os da tan bajo nombre,
hacéis que Enrique padezca.
¡Qué agravio! ¡Maldad enorme!
¿No había otro modo, señora,
no había otro medio que corte
diese a tan grande desdicha,
sin que a bárbaros traidores
le entregarais? Esto es hecho.
Ya sé en fin que un moro noble

prevenido del infante
tiene a Enrique en una torre,
hasta que vivas afrentas
hagan parto, agravios doblen.
Hoy de una criada vuestra,
sin que alguna cosa ignore,
supe toda la verdad,
y mi amor que reconoce
el peligro que os aguarda,
la industria imposibles rompe.
Pedí licencia a la Reina
y antes que a palacio torne,
no por Enrique, por mí
—que ya por mi cuenta corre
su opinión porque le quise—
no he de sufrir que se borre
su fama publicamente.
Vuestra casa no es conforme
al secreto de este caso.
La industria y recato ahoguen,
cubran, sepulten, desmientan
los ya esparcidos rumores,
que si se acredita más,
que si en viles intenciones
crece la fama en tu lengua
de afrentosos detractores,
el de Enrique y vuestro honor
veréis vender a pregones.
Y temed que Enrique es rayo
y éste lo más fuerte rompe.

Elvira   Para decirme pesares,
para vengaros de mí,
para avergonzarme así,

	para hacer mis ojos mares,
	¿tanto me habéis prevenido?
	¿Tanto lo habéis dilatado,
	y al campo me habéis sacado?
	Decís bien. Traición ha sido.
	Que en mi afrenta descubierta,
	llegándose ya a saber,
	quereros vos atrever
	a abrir al dolor la puerta,
	darme aquí pesar tan fuerte
	y sin otra prevención
	cogerme el alma a traición
	es querer darme la muerte.

Mayor   Elvira, señora, amiga,
el llegarme a declarar,
no es para daros pesar
y esta diligencia obliga
   al que agora recibís.
Solo he venido a serviros.

Elvira   ¡Cruel sois!

Mayor   Solo advertiros
el gran riesgo en que vivís.

Elvira   Si vuestro pasado amor
pretende tomar venganza
de mí, la mayor alcanza
con el castigo mayor.

Mayor   No es venganza, antes piedad.
Bien podéis de mí fiaros.
¿Quién podrá mejor guardaros

                que yo secreto y lealtad?

Elvira   Vuestras razones —iah, cielos!—
                mi muerte vienen a ser.
                Ya en tierra veréis caer
                la planta.

Mayor   ¡Tristes desvelos!

Elvira   Ya dando el infame fruto
                veréis deshacer su pompa
                cuando las entrañas rompa
                y pague el torpe tributo.

(Abrázase con ella.)

Mayor   Elvira...

Elvira   Amparo en vos tenga
                quien tal pena os ha debido.

Mayor   Mira.

Elvira   ¡Oh, Enrique ofendido,
                mi propia culpa te venga!

(Vanse y salen Enrique y Gonzalo.)

Enrique   Partí sin alma. Encomendé la vida
                a una sospecha fiera a la partida,
                y tratóla de suerte,
                que a cada paso daba con mi muerte.
                Las honras, las mercedes y favores
                que recibí de Carlos, en rigores

mi pena los trocaba.
En nada alivio mi desvelo hallaba,
solo el volverme aprisa prometía
algún consuelo, y cuando ya volvía
—iah, Gonzalo!— contigo
descansé el alma, hallé mayor castigo.

Gonzalo   Partí, señor, también con mi cuidado,
que de su gracia el Rey me ha desterrado
por mis burlas, que no es razón que en veras
ni burlas con el Rey se partan peras.
Iba huyendo, señor, de Juan de Diego,
de mí mismo, y fui a dar con mayor fuego,
pues a poca distancia
después de andar en fin ruta la Francia,
cien galgos nos echaron,
que como a liebres viles nos trataron
llevándonos cautivos.
Milagro ha sido el escaparnos vivos,
y que el perrazo Hamet tan noble fuese
que libertad nos diese,
habiendo él sido quien nos la ha quitado.

Enrique   No fue sin prevención, no sin cuidado,
nuestra prisión. Más causa tuvo, advierte,
de la que muestra mi enemiga suerte
si bien no he conocido
quien de tanta traición el dueño ha sido.
Más piadoso fue el moro
pues no estimando el oro
que por nuestro rescate le ofrecía,
compadecido de la pena mía,
tan liberal conmigo se ha portado.

Gonzalo	Es un moro de bien; aunque he notado que el mejor moro nueve faltas tiene como mujer que a estar preñada viene.
Enrique	¿Y cuáles son, Gonzalo?
Gonzalo	Es la primera no tener nuestra fe que es verdadera. La segunda es ser perros, y perros, como dicen, can cencerros. La tercer falta de estos moros viles es comer cabra y no comer perniles. La cuarta falta es ver que estos podencos sean maridos mostrencos para toda mujer, y que con siete o con setenta case allí un Hamete, sin que se halle el perrazo embarazado, cuando una sola da tanto cuidado.
Enrique	Bueno está, no prosigas.
Gonzalo	Fáltame por decir.
Enrique	Pues, no lo digas.
Gonzalo	Hasta la falta nueve que un moro que agua bebe...
Enrique	Que calles digo.
Gonzalo	Digo que callo; pero pues no he de hablar, ponte a caballo, y pues quieres de noche hacer la entrada, lleguemos a tu casa deseada,

                        que ya es noche.

Enrique   Gonzalo, si pudiera
               yo mismo de mí mismo, me encubriera.
               No sé qué desconsuelo
               aflige al mal con mortal desvelo.
               Un año, pues, Gonzalo, y aun más días
               ha ya que lucho con desdichas mías
               y a mi esposa no veo.

Gonzalo   Cerca estás de cumplir ese deseo;
               pero, ¿por qué con tal secreto vienes?
               ¿Por qué, señor, previenes
               y rehusas que sepan que has venido?

Enrique   Causa tiene el haberlo prevenido.

(Dice Elvira dentro.)

Elvira   Tú me has de quitar la vida.

(Dice Mayor entre unos ramos, sin que vean a Elvira.)

Mayor   ¡Qué desdichada a ser vienes!

Enrique   Gonzalo, oye.

Elvira   ¡Tú me has muerto!

Enrique   ¿Quién se queja?

Gonzalo   Alguien que duerme
               a falta de colchón blando
               sobre el duro campo verde.

Elvira   Yo muero con justa causa.

Enrique   ¿Oyes?

Gonzalo   Sí.

Elvira   Cierta es mi muerte.

Enrique   Entre estos árboles llega,
                           y escucha la voz.

Gonzalo   ¿Quién muere?
                           ¿Quién pena? ¿Quién va?

Mayor   ¡Ay, amigo,
                           llégate por Dios!

Gonzalo   ¿Qué gente?

Enrique   ¡Quita! ¡Apártate! ¿Quién son?

Mayor   Dos afligidas mujeres.

(Salen las dos. Elvira acelerada.)

Elvira   Señor, quienquiera que seáis,
                           la causa y mi triste suerte
                           más lugar no me permite.
                           De este diamante que tiene
                           algún valor os servid,
                           y a Nuño Ordóñez se entregue
                           aquesa prenda del alma.
                           Ven, amiga, no me dejes.

(Dale un envoltorio.)

Enrique ¿A quién se ha de dar?

Elvira A Nuño,
y puede ser que no os pese,
que tiene padre muy noble.

(Vanse las dos.)

Enrique Sueño el suceso parece.
Llega, Gonzalo.

Gonzalo No es nada
lo que entre flores se envuelve.
Seor Chicote. No responde,
ni habla, ni llora, ni siente.
¿Eres infante o infanta?
Niño es. ¿Qué te suspende?
El nació muerto.

Enrique ¿Qué dices?

Gonzalo Que al Limbo el alma desciende.

Enrique Aparta.

Gonzalo No hay que apartar.
Él no vive.

Enrique Así conviene
que muerto a Nuño le demos.
(Aparte.) (Mi temor mis penas crecen.)
Llévale, Gonzalo.

Gonzalo   Ya,
         le llevaré aunque me pese.

Enrique   Todo es pasiones, desdichas,
         todo confusiones, muerte,
         todo asombros —¡ay de mí!—
         ¡Cielos piadosos, valedme!

(Vanse los dos. Salen el infante Bimarano y Nuño.)

Nuño   Público tu amor está.

Bimarano   Nuño, aconséjasme en vano.
         Confieso que soy tirano
         con Enrique; pero ya
            cuando la vida y honor
         de Elvira se pone en medio,
         el más seguro remedio
         es usar de este rigor.
            Ninguno debe culparme
         porque en tan triste suceso
         el tener a Enrique preso
         solo puede asegurarme.

Nuño   El Rey le estima, y si llega
         a saber que la ocasión
         has sido de su prisión...

Bimarano   Ya, Nuño, la causa niega.
            Cuando la razón me advierte
         que como a Elvira importara
         si el mismo Rey lo estorbara,
         al mismo Rey diera muerte.

(Salen el Rey y Ramiro.)

Rey   ¿Cómo? ¿Darme muerte a mí?
       ¿Haslo, Ramiro, escuchado?

Nuño   El Rey viene.

Bimarano   ¿Qué cuidado?

Rey   Disimular quiero aquí;
       que aunque averiguado tengo
       su delito, su pasión
       con más segura prisión,
       Ramiro, fundar prevengo.

Ramiro   Mira, primero.

Bimarano   ¡Señor!

Rey   Infante, aparte me escucha.
(Aparte.)   Oye. (Mi paciencia es mucha
            cuando sé que fue traidor.)
            Parece que siempre opuesto
            a mi gusto, Bimarano,
            olvidas que eres mi hermano,
            y que libre y descompuesto
            solo te acuerdas de darme
            un pesar y otro pesar,
            sin temer, sin recelar
            que podré, infante, enojarme.
            A prevenirte he llegado
            que de mi favor no abuses,
            y aplausos del pueblo excuses,

                    y tú, imprudente, llevado
                       de tu loca inclinación,
dejando lisonjearte,
haces consultas aparte.
No entiendo con qué intención.
    Hete mandado también
que moderes el salir
de noche, y dejes de ir
de Nuño al jardín, si bien
    de todo disculpa das;
mas con estar advertido,
sales de noche atrevido,
y en casa de Nuño vas.
    Tira la rienda al deseo,
míralo, hermano, mejor
que esto es amor, no rigor,
porque despeñarte veo.
    También, oye, me informaron
que Enrique vive en prisión
y que eres tú la ocasión.
No lo creo. Me engañaron.

Bimarano   Disculpar, señor, pudiera
vuestra alteza desvaríos
de loca edad, por ser míos
sin que otro nombre les diera.
    Ya es rigor y aun tiranía
fiar tan poco de mí,
reñirme y tratarme así,
y es mucha paciencia mía.

Rey   Decís bien. Muy necio estoy.
No os lo diré, infante, más.
Idos, pues. Idos.

Bimarano   Jamás
                    causa a tus disgustos doy.

(Aparte.)   (Mi pena, Elvira querida,
                    tu cielo en gloria convierte,
                    que no he de dejar de verte
                    aunque me quiten la vida.
                         Justa venganza prevengo.
                    ¡Que a un hermano trate así!
                    Tema y guárdese de mí;
                    que amigos y valor tengo.)

(Vanse Bimarano y Nuño.)

Rey   Más su disculpa me ofende,
                    Ramiro, que esta respuesta.
                    Su libertad manifiesta.
                    No hayas miedo que se enmiende.
                         Sus pasos he de atajar
                    si se despeñan.

Ramiro   Advierte.

Rey   Yo mismo le he de dar muerte
                    si no se quiere enmendar.

Ramiro   Nacer su inquietud podría
                    de algún empeño amoroso.

Rey   De ese indicio sospechoso
                    nace mi melancolía
                         porque hay lengua que publique
                    que el no saberse de Enrique
                    es causa...

Ramiro   No se publique
            tu pasión.

Rey   La sombra oscura
            de la noche ha de ayudarme
            a salir de este cuidado.
            Ven. Yo mismo disfrazado
            he de ir a desengañarme.

(Vanse el Rey y Ramiro. Ponen luces sobre un bufete. Salen Enrique, Mayor, Elvira y Constanza. Elvira turbada.)

Elvira   ¡Señor, bien tan deseado
            tan de repente venido!
(Aparte.)   (¡Ay Mayor, ángel has sido
            pues de casa me has sacado!)
            ¿Sin avisarme, señor?

Enrique   Yo solo quise ganar
            las albricias.

Mayor (Aparte.)   (¡Qué pesar!)

Enrique   ¿Vos en mi casa Mayor?
             No fue entero el placer
            si esta dicha no tuviera.

Mayor (Aparte.)   (A tardarnos más, ¿qué fuera?)

Enrique (Aparte.) (Grande mal puedo temer.
             ¡Dentro en mi casa Mayor!
            ¡Y Elvira turbada! ¡Cielos!
            Todo es confusos desvelos.

                            Vamos más de espacio, honor.
                            Todo a destruirme aspira.)

(Mira la sortija que le dieron.)

                            (Que esta sortija —¡ay de mí!—
                            al tiempo que me partí
                            puse yo en su mano a Elvira.)

(Habla Elvira en secreto a Constanza.)

Elvira   Haz que avisen al infante,
                            Constanza, como ha venido
                            Enrique.

Mayor (Aparte.)   (Desdicha ha sido
                            que en ocasión semejante
                            viniese.)

Constanza   Iréle a avisar.

(Vase Constanza. Salen Nuño y Gonzalo.)

Gonzalo   Aquí está Nuño, señor.

Enrique   Nuño.

Elvira (Aparte.)   (¡Qué fiero rigor!)

Nuño (Aparte.)   (Confuso le llego a hablar.)
                            Señor Enrique, si hubiera
                            vuestra venida sabido,
                            antes hubiera venido
                            a serviros, sin que fuera

                    menester llamarme.

Elvira (Aparte.)   (¡Ah, cielos!)

Nuño   ¿Qué me mandáis?

Enrique   Un cuidado,
sin saber quién me la ha dado.

(Aparte.)   (Creciendo van mis desvelos.)
    A llamaros me obligó.
Perdonad el no ir yo allá
que bien disculpado está
quien de camino llegó.

Nuño   Agraviaréis mi amistad
si me habláis, Enrique, así.
Ved en lo que os servís de mí.

(Quiere hablar Elvira a Nuño, turbada.)

Elvira (Aparte.)   Nuño... (¡Ay, Dios! ¡Qué crueldad!)

Enrique   Entre esa arboleda umbrosa
de esta casa no muy lejos
que se mira en dos espejos
cristal de una fuente hermosa,
    cuando ya la sombra oscura
los primeros pasos da,
y la noche triste ya
sus tinieblas apresura,
    llegué con este criado...

Elvira (Aparte.)   (¡Ah, Mayor! Que me has vendido.)

Enrique	...a escuchar el dulce ruido
de esa fuente.
Mayor (Aparte.)	(¡Qué cuidado!)
Enrique	No de este lugar distante
confusas voces oí.
Llegué y dos mujeres vi
que me pusieron delante
una flor, con quien la muerte
mostró tirano rigor;
pues al nacer esta flor...
Elvira (Aparte.)	(¡Ah, traidora!)
Mayor (Aparte.)	(¡Trance fuerte!)
Enrique	...sin vida luego quedó.
Mandóme su infelice madre
no que la diera a su padre,
que a vos os la diera yo.
Gonzalo os entregará
la prenda que os he confiado.
Para esto os he llamado.
Gonzalo	Vámonos, Nuño.
Nuño	Voy ya.
Si el mayor castigo hubiera
la desdicha prevenido,
ninguno hubiera escogido
que menos que éste no fuera.

(Vanse Nuño y Gonzalo.)

Enrique
A mí me dio este diamante.
¿Conocéislo vos, señora?

Elvira
Mi traición, mi muerte agora
os da venganza bastante.

(Demáyase.)

Mayor
¡Nuño! ¡Ay, cielos! Pues, ¿así
dejas sola una mujer
sin quererla defender?
¿Qué he de hacer? No sé de mí.
 ¡Ah, qué desdichada suerte!
¿No hay quién este daño impida?
¿No hay quién ampare una vida?
¿No hay quién estorbe una muerte?

Enrique
Enrique, agora el valor
es cuando más se acredita.
A mayor golpe, a mayores
injurias que el hado envía;
mayor pecho, más constante,
el alma noble resista.
Pero, ¿a quién le sucedió
que al tiempo cuando porfían
mis agravios contra mí,
cuando dudas enemigas
empezaban a nacer,
que así llegué a advertirlas.
Mi propio Rey, mi obediencia
a Francia entonces me envía,
y allí mi afrenta también

	sin que me pierda de vista.
	Me sigue, pues cuando vuelvo,
	como estaba tan crecida
	mi infamia, al paso me sale
	y ella propia me cautiva.
	A encontrarme se adelanta
	que aun no aguardó —¡suerte impía!—
	a que llegase a mi casa.
	Mas sí aguardó, pues me avisa.
	Señora, volved en vos.
	Responded a Enrique Elvira.
	¿Si está muerta? ¡Santos cielos!
	Responded a Enrique, Elvira.
	Oye, esposa —¡oh lengua infame!—
	injusto nombre la aplicas.
	¡Ah, Elvira! Vuelve a vivir,
	vuelve a su prisión antigua
	el alma, porque la muerte
	ejercerá la afrenta mía.
	Vuelve a vivir, que otra pena
	mi venganza determina.
Elvira	¡Infante!
Enrique	¡Aleve! ¿Aun le nombras?
	Mi venganza ya consiga
	la gloria que espera el alma.
	¡Muere desdichada Elvira!

(Dala de puñaladas y ella misma se entra arrastrando. Salen el Rey y Ramiro.)

Rey	¡Qué desgraciado suceso!
	Bien este caso temía.
	Id tras él, Ramiro. Haced

                        que le prendan, que le sigan.

(Ruido de dentro.)

Ramiro   Desde un balcón a la calle
                        el cadáver precipita.

(Dentro.)

Enrique   Aguarda, Nuño alevoso,
                        y cuantos mi agravio animan.
                        Temed, temed mi castigo;
                        que mi furor rayos vibra.

(Sale Mayor.)

Mayor   Señor...

Rey   ¿Tú en casa de Enrique?
                        Corre el velo, la cortina
                        a la luz del desengaño.
                        Esta confusión descifra.

Mayor   Si ya sabes que quise bien a Enrique,
                        no es razón que publique
                        las penas que me cuesta
                        cuando a morir por él estoy dispuesta.
                        En esta ausencia suya, Bimarano
                        el infante, su hermano,
                        y mi señor, rendido
                        a las doradas flechas de Cupido,
                        a su pasión postrado, ciego mira
                        a la infeliz Elvira,
                        que de esta mal incierta

a la mayor desdicha abrió la puerta.
Dentro de sus entrañas —¡dura suerte!—
encerraba su muerte,
y una afrenta crecía
que la infamia de Enrique descubría.
Yo a su opinión, como al remedio atenta,
Argos fui de esta afrenta,
y el modo previniendo,
para encubrir el mal que iba creciendo,
licencia te pedí. A palacio dejo
con seguro consejo.
¡Qué prevención tan loca!
A Elvira saqué al campo. De mi boca
escuché —¡Qué imprudencia!— su delito.
Su agravio la repito,
y el dolor de escucharle.
Mi intento era encubrirle y ocultarle
por el honor de Enrique.
Hace que se publique
más aprisa la afrenta
pues del dolor cual víbora revienta.
Llegó a este tiempo Enrique desdichado,
hora infeliz del hado,
y en sus brazos recibe
su propia afrenta allí; aunque ya no vive.
De la desgracia fue el mayor exceso,
que su mismo suceso,
como primero pasa.
Enrique refirió, en llegando a casa,
y de escucharlo se culpa a su esposa,
a pena tan forzosa
dejó el alma rendida;
y yo también, señor, quedé sin vida,
pues al pesar en vano aquí resisto.

>   Lo demás tú lo has visto;
>   pues no avisa este suceso injusto
>   del mal que causa el no casarse a gusto.

Rey   Mayor pesar no he tenido.

(Salen criados y el infante Bimarano, furioso con la espada desnuda.)

>   ¡Infante!

Bimarano   ¡Señor!

(Humíllase y pone la espada a los pies del Rey.)

Rey   ¿Qué es esto?

Bimarano   La causa he sido
>   de esta desdichada muerte.

Rey   Cuando sirviéndome está
>   y el honor de Enrique ya
>   me toca, ¿vos de esta suerte
>   su valor así ofendéis,
>   y os atrevéis a su honor?
>   Ya no piedad, fuera error
>   aguardar que os despeñéis;
>   mas sin daros el castigo
>   si Enrique os ha de matar.
>   Yo su honor quiero vengar;
>   que soy su Rey y su amigo.

(Dale de puñaladas, quiere tomar la espada y cae sobre una silla.)

>   Vos, infante, me ofendéis,

                        vos lealtad no me guardáis,
                        vos a ser Rey aspiráis,
                        vos mi muerte pretendéis,
                          yo lo escuché. Yo lo oí.
                        Mi reino habéis sublevado.
                        De todo estoy informado.
                        Mi vida aseguro así.

(Dale.)

Bimarano   Ved, señor, que con mi muerte
                    cobráis nombre de tirano.

Rey   Sangre de quien es mi hermano
                    solo mi acero la vierte.

Bimarano   Dejadme morir, Ramiro,
                    y dadme la muerte vos.

(Muere. Sale Enrique.)

Rey   ¡Enrique!

Enrique   ¡Válgame Dios!
                    ¡Envuelto en su sangre miro
                       al infante!

Rey   Enrique, a mí
                    como a tu Rey la defensa
                    me ha tocado de tu ofensa.
                    Yo muerte al infante di.

Enrique   Más afrenta viene a ser.

Rey	A quien es a un Rey hermano,
	no se ha de atrever tu mano.
	Yo solo me he de atrever.
	Seguro queda tu honor,
	pues yo mismo le he vengado.
	Tú quedas, Enrique, honrado;
	yo sin hermano. Mayor
	es tu esposa verdadera.
	Elvira supuesta fue.
	Yo por fuerza te casé.
Enrique	¿Cuándo su venganza fiera
	en mi afrenta se fundó...?
Rey	Basta, Enrique. Yo he sabido
	lo que a Mayor has debido.
	Ella tu honor defendió.
	Dala la mano.
Mayor	La vida
	perdiera por defenderte.
Enrique	En las aras de la muerte,
	sobre esta sangre vertida,
	tu boda se celebró.
Mayor	No temo señales fieras
	que mujer que ama de veras
	nunca a su esposo ofendió.
Enrique	Dices bien. Ya mi disgusto
	con tu mano se ha acabado;
	aunque el nombre se ha trocado
	pues ya me caso a mi gusto.

(Vanse.)

Fin de la comedia

Libros a la carta

A la carta es un servicio especializado para
empresas,
librerías,
bibliotecas,
editoriales
y centros de enseñanza;
y permite confeccionar libros que, por su formato y concepción, sirven a los propósitos más específicos de estas instituciones.

Las empresas nos encargan ediciones personalizadas para marketing editorial o para regalos institucionales. Y los interesados solicitan, a título personal, ediciones antiguas, o no disponibles en el mercado; y las acompañan con notas y comentarios críticos.

Las ediciones tienen como apoyo un libro de estilo con todo tipo de referencias sobre los criterios de tratamiento tipográfico aplicados a nuestros libros que puede ser consultado en Linkgua-ediciones.com.

Linkgua edita por encargo diferentes versiones de una misma obra con distintos tratamientos ortotipográficos (actualizaciones de carácter divulgativo de un clásico, o versiones estrictamente fieles a la edición original de referencia). Este servicio de ediciones a la carta le permitirá, si usted se dedica a la enseñanza, tener una forma de hacer pública su interpretación de un texto y, sobre una versión digitalizada «base», usted podrá introducir interpretaciones del texto fuente. Es un tópico que los profesores denuncien en clase los desmanes de una edición, o vayan comentando errores de interpretación de un texto y esta es una solución útil a esa necesidad del mundo académico.

Asimismo publicamos de manera sistemática, en un mismo catálogo, tesis doctorales y actas de congresos académicos, que son distribuidas a través de nuestra Web.

El servicio de «libros a la carta» funciona de dos formas.

1. Tenemos un fondo de libros digitalizados que usted puede personalizar en tiradas de al menos cinco ejemplares. Estas personalizaciones pueden ser de todo tipo: añadir notas de clase para uso de un grupo de estudiantes, introducir logos corporativos para uso con fines de marketing empresarial, etc. etc.

2. Buscamos libros descatalogados de otras editoriales y los reeditamos en tiradas cortas a petición de un cliente.

www.ingramcontent.com/pod-product-compliance
Lightning Source LLC
Chambersburg PA
CBHW031454040426
42444CB00007B/1096